국민연금공단

최신
기출문제 복원

SEOWONGAK

(주)서원각

기출복원문제

1 다음 글의 밑줄 친 ㉠~㉣의 한자 표기에 대한 설명으로 옳은 것은?

> 서울시는 신종 코로나바이러스 감염증 확산 방지를 위해 ㉠'다중이용시설 동선 추적 조사반'을 구성한다고 밝혔다. 의사 출신인 박○○ 서울시 보건의료정책과장은 이날 오후 서울시 유튜브 라이브 방송에 ㉡출연, 코로나바이러스 감염증 관련 대시민 브리핑을 갖고 "시는 2차, 3차 감염발생에 따라 ㉢역학조사를 강화해 조기에 발견하고 관련 정보를 빠르게 제공하려고 한다."라며 이같이 밝혔다. 박 과장은 "확진환자 이동경로 공개㉣지연에 따라 시민 불안감이 조성된다는 말이 많다."며 "더욱이 다중이용시설의 경우 확인이 어려운 접촉자가 존재할 가능성도 있다."라고 지적했다.

① ㉠ '다중'의 '중'은 '삼중구조'의 '중'과 같은 한자를 쓴다.

② ㉡ '출연'의 '연'은 '연극'의 '연'과 다른 한자를 쓴다.

③ ㉢ '역학'의 '역'에 해당하는 한자는 '歷'과 '易' 모두 아니다.

④ ㉣ '지연'은 '止延'으로 쓴다.

📖 NOTE

③ '역학조사'는 '감염병 등의 질병이 발생했을 때, 통계적 검정을 통해 질병의 발생 원인과 특성 등을 찾아내는 것'을 일컫는 말로, 한자로는 '疫學調査'로 쓴다.

① '다중'은 '多衆'으로 쓰며, '삼중 구조'의 '중'은 '重'으로 쓴다.

② '출연'과 '연극'의 '연'은 모두 '演'으로 쓴다.

④ '일 따위가 더디게 진행되거나 늦어짐'의 뜻을 가진 '지연'은 '遲延'으로 쓴다.

2 다음 내용을 참고할 때, 빈칸에 들어갈 사자성어로 적절한 것은?

> 우리 속담에 (   )라는 사자성어가 있다. 군사시설 주변에는 이러한 사자성어에 해당하는 일이 다반사로 일어나고 있다. 군사시설을 지을 때는 인근 지역 주민이 생업에 지장을 초래하지 않고 최대한 민원이 발생하지 않도록 한적한 곳에 위치하게 한다. 하지만 세월이 흐르면서 인적이 드문 군사시설 주변에는 건물이 들어서고 상가가 조성되면서 점차 번화가로 탈바꿈하게 된다. 이럴 경우 군사시설 주변에 군 관련 크고 작은 민원이 제기됨으로써 화합을 도모해야 할 민·군이 갈등관계로 변모되는 사례가 종종 있어 왔다.

① 塞翁之馬

② 客反爲主

③ 燈火可親

④ 指鹿爲馬

📖 NOTE

'객반위주'라는 말은 '손님이 오히려 주인 행세를 한다.'는 의미의 사자성어로, 비어 있는 곳에 군사시설이 먼저 들어가 있는 상황에서 점차 상가가 조성되어 원래의 군사시설 지역이 지역 주민에게 피해를 주는 시설로 인식되고 있는 상황을 사자성어에 견주어 표현하였다.

① 새옹지마 : 인생의 길흉화복은 늘 바뀌어 변화가 많음을 이르는 말이다.

③ 등화가친 : 등불을 가까이할 만하다는 뜻으로, 서늘한 가을밤은 등불을 가까이 하여 글 읽기에 좋음을 이르는 말이다.

④ 지록위마 : 사슴을 가리켜 말이라 한다는 뜻으로, 윗사람을 농락하여 권세를 휘두르는 경우를 말한다.

3 다음은 국민연금공단의 연금보험료 지원사업의 공고문이다. 공고문을 본 A~D의 반응으로 적절하지 않은 것은?

구분	내용
지원 대상	□ 국민연금 가입 기간이 10년 미만인 가입자 중 아래의 조건을 충족시키는 자 ◦ 저소득자 : 기준 중위소득 80% 이하인 자 ☞ 확인방법 건강보험료 납부확인서, 소득금액증명(국세청) 등으로 확인되는 신청 직전 연도의 월평균소득 또는 월평균 건강보험료 납부액이 아래 표에 표기된 금액 이하인 자 (단위 : 원) ◦ 연금수급 연령에 도달한 자 중 대부를 통해 연금수급이 가능한 자
지원 금액	□ 1인당 300만 원 이내
상환 조건	□ 대부조건 : 무담보, 무보증, 무이자 □ 상환조건 : 연금수급 개시 월부터 5년 이내 원금균등분할 상환
지원 절차	□ 신청접수 → 대출심사 → 대출실행(약정 및 연금보험료 납부 → 연금 청구 및 상환
접수 기간	□ 수시접수 : ~ 자금 소진 시 마감
구비 서류	□ 제출서류 - 지원신청서 1부(신나는 조합 홈페이지 내 양식, 첨부파일 참조) - 개인정보 조회동의서 1부(신나는 조합 홈페이지 내 양식, 첨부파일 참조) - 약정서 1부(신나는 조합 홈페이지 내 양식, 첨부파일 참조) - CMS출금이체 동의서 1부(신나는 조합 홈페이지 내 양식, 첨부파일 참조) - 연금산정용 가입내역확인서 1부(국민연금공단 지사 방문하여 발급) - 주민등록등본 1부 - 소득금액 증빙서류 1부(건강보험 납부확인서, 소득금액증명서 중 택1)
접수 방법	□ 우편접수 - 신나는 조합 홈페이지(http://www.joyfulunion.or.kr) 알림마당 내 공지사항 신청 양식 다운로드 및 작성, 구비서류와 함께 등기우편으로 제출 - 접수처 : 서울 ○○구 ○○로 107-39 희망든든사업 담당자 앞
문의 사항	□ 신나는 조합 희망든든 연금보험 지원사업 담당자 ☎ ○○-○○○-○○○○ □ 국민연금공단 지사

지원대상 표 (단위 : 원)

구분		1인 가구	2인 가구	3인 가구	4인 가구	5인 이상
기준중위소득 80%		1,366,000	2,325,000	3,008,000	3,691,000	4,374,000
건강 보험료	직장 가입자	44,120	75,600	97,680	120,060	142,720
	지역 가입자	15,550	40,670	82,340	113,530	142,330

① A : 연금보험료는 무이자, 무담보로 지원되며 국민연금 수령 후에 연금으로 분할 상환하는 사업이다.

② B : 2인 가구의 경우 중위소득이 2,350,000원이라면 지원대상자에 해당되지 않는다.

③ C : 지원을 받고자 하는 사람은 개인정보 조회동의서를 제출해야 한다.

④ D : 1인당 300만 원 이내로 지원되며 지원사업 공고일로부터 연말까지 접수받는다.

📝 NOTE

국민연금공단의 희망든든 연금보험료 지원사업은 무이자, 무담보, 무보증으로 연금보험료를 지원하고 국민연금 수령 후 연금으로 분할 상환할 수 있는 사업이다. 1인당 300만 원 이내로 지원되며 접수 기간은 수시접수로 자금 소진 시 마감되므로 D의 평가는 적절하지 않다.
① A는 희망든든 연금보험료 지원사업의 공고문의 내용을 바르게 이해하였다.
② 지원대상은 저소득자(기준 중위소득 80% 이하인 자)로 2인 가구의 기준 중위소득 80%는 2,325,000원이므로 B의 평가는 적절하다.
③ 제출 서류는 지원신청서, 개인정보 조회동의서, 약정서 등으로 안내되어 있으므로 C의 평가는 적절하다.

4 다음은 K공사의 회의실 사용에 대한 안내문이다. 안내문의 내용을 바르게 이해한 설명은 어느 것인가?

■ 이용안내	
임대 시간	기본 2시간, 1시간 단위로 연장
요금 결제	이용일 7일전 까지 결제(7일 이내 예약 시에는 예약 당일 결제)
취소 수수료	• 결제완료 후 계약을 취소 시 취소수수료 발생 • 이용일 기준 7일 이전 : 전액 환불 • 이용일 기준 6일~3일 이전 : 납부금액의 10% • 이용일 기준 2일~1일 이전 : 납부금액의 50% • 이용일 당일 : 환불 없음
회의실 /일자 변경	• 사용가능한 회의실이 있는 경우, 사용일 1일 전까지 가능(해당 역 담당자 전화 신청 필수) • 단, 회의실 임대일 변경, 사용시간 단축은 취소수수료 기준 동일 적용
세금 계산서	• 세금계산서 발행을 원하실 경우 반드시 법인 명의로 예약하여 사업자등록번호 입력 • 현금영수증 발행 후에는 세금계산서 변경발행 불가

■ 회의실 이용 시 준수사항

※ 회의실 사용자는 공사의 승인 없이 다음 행위를 할 수 없습니다.

1. 공중에 대하여 불쾌감을 주거나 또는 통로, 기타 공용시설에 간판, 광고물의 설치, 게시, 부착 또는 각종기기의 설치 행위
2. 폭발물, 위험성 있는 물체 또는 인체에 유해하고 불쾌감을 줄 우려가 있는 물품 반입 및 보관행위
4. 공사의 동의 없이 시설물의 이동, 변경 배치행위
5. 공사의 동의 없이 장비, 중량물을 반입하는 등 제반 금지행위
6. 공공질서 및 미풍양식을 위해하는 행위
7. 알코올성 음료의 판매 및 식음행위
8. 흡연행위 및 음식물 등 반입행위
9. 임대의 위임 또는 재임대

① 임대일 4일 전에 예약이 되었을 경우, 이용요금 결제는 회의실 사용 당일에 해야 한다.

② 회의실 임대 예약 날짜를 변경할 경우, 3일 전 변경을 신청하면 10%의 수수료가 발생한다.

③ 이용 당일 임대 회의실을 변경하고자 하면 이용 요금 50%를 추가 지불해야 한다.

④ 팀장 개인 명의로 예약하여 결제해도 세금계산서를 발급받을 수 있다.

🖹 NOTE

② 최소수수료 규정과 동일하게 적용되어 3일 이전이므로 납부금액의 10% 수수료가 발생하게 된다.

① 임대일 4일 전에 예약이 되었을 경우 이용요금 결제는 회의실 사용 당일이 아닌 예약 당일에 해야 한다.

③ 이용 당일에는 환불이 없으므로 100%의 이용 요금을 추가로 지불해야 한다.

④ 세금계산서 발행을 원할 경우 반드시 법인 명의로 예약해야 한다고 규정되어 있다.

◆ answer 4.②

5 다음은 국민연금공단의 ○○년 혁신계획이다. 이 글을 읽고 제시한 의견으로 가장 적절하지 않은 것은?

국민연금공단과 신나는 조합은 국민연금 사각지대에 놓인 대상자의 국민연금 수급권 확보에 기여하고자 '희망든든 연금보험료 지원사업'을 아래와 같이 진행하고자 합니다.

무이자, 무담보, 무보증으로 연금보험료를 지원하고 국민연금 수령 후 연금으로 분할 상환할 수 있는 본 사업에 많은 신청 바랍니다.

---

1 추진 배경
- 국민 삶의 질 재고를 위한 공공성 중심의 혁신 패러다임 전환 필요
  - 공공의 이익과 공동체의 발전에 기여하는 사회적 가치 중심의 혁신으로 공단 본연의 사회안전망 기능 역할 강화 필요
  ※ 정부 운영을 국민 중심으로 전환하는 내용의 「정부혁신 종합 추진계획」 발표(3. 19.)
- 국민과의 소통으로 국민이 공감하는 혁신에 대한 시대적 요구
  - 정책에 직접 참여하고자 하는 국민의 요구와 급격히 증가하고 있는 시민사회 역량을 반영하는 제도적 기반 확보 시급
- 자발적 혁신을 통해 국민으로부터 신뢰받는 공단 실현
  - 정부의 공공기관 혁신방향에 따라 능동적·자율적 혁신 추진

2 추진 체계
□ 혁신 전담조직 구성 및 역할
- 기존 경영혁신 전담조직(열린혁신위원회, 혁신위원회)을 '혁신위원회(위원장 : 이사장)'로 통합·개편하여 조직역량을 총결집
  - (구성) 임원, 정책연구원장, 본부 부서장으로 구성
  - (역할) 추진상황 공유 등 중요사항 의사결정
- 혁신위원회 산하에 혁신추진단(단장 : 기획상임이사)을 두고, 혁신 기본방향에 따른 4개 추진팀을 운영
□ 추진팀별 구성 및 역할
- 공공성 강화 추진팀
  - 국민건강보장 실천 및 국민부담 완화, 일하는 방식 혁신 및 제도 개선
- 일자리·혁신성장 추진팀
  - 일자리 창출, 혁신성장 관련 인프라 구축, 지역경제 활성화·상생
- 신뢰경영 추진팀
  - 윤리경영 적극 실천, 공공자원 개방 확대, 국민참여 플랫폼 운영
- 혁신지원팀
  - 혁신을 위한 조직 내 제도 정비, 추진기반 조성, 성과 홍보 등
- 시민참여혁신단
  - (구성) 시민단체, 사회단체, 전문가, 대학(원)생, 이해관계자, 지역주민 등 다양한 집단·분야의 30명으로 구성
    ※ 관련 분야 전문지식을 보유한 전문가를 전문위원으로, 이외 일반위원으로 위촉

〈집단·분야별 위원 현황〉
(단위 : 명)

계	전문위원	일반위원					
		소계	대학(원)생	시민단체	사회단체	이해관계자	지역주민
30	3	27	5	4	3	7	8

- (역할) 건강보험 혁신계획 전반에 대한 자문 및 제언(전문위원), 자유로운 의견 제안 및 과제 발굴 등(일반위원)
- 혁신주니어보드
  - (구성) 20~30대 연령의 5~6급 직원 50명으로 구성
  - (역할) 혁신과제 발굴, 혁신관련 행사 참여, 대내외 소통 등
□ 운영 방안
- 혁신과제 추진상황 상시 모니터링 및 환류
  - 과제별 추진실적 및 향후 계획을 분기별로 제출받아 총괄본부에서 점검하고, 필요시 조치 사항 등을 협의
- 추진동력 확보를 위한 협의체 운영
  - (혁신위원회) 중요사항에 대한 의사결정 필요시 개최
  - (시민참여혁신단) 전체 회의와 집단별 그룹 회의로 구분 운영
    ※ 온라인으로도 진행 상황 공유, 의견 제시할 수 있는 참여마당 병행 운영
  - (혁신주니어보드) 격월 개최를 원칙으로 하되, 필요시 수시 개최

① 김 팀장 : 정부혁신 종합 추진계획 발표에 따라 사회적 위험으로부터 국민을 보호하기 위하여 제도를 강화할 것이 요청되고 있다.

② 이 주임 : 위원회 수는 기존보다 줄어들 것이다.

③ 박 대리 : 전문지식을 보유한 전문가는 전체 위원의 10%를 차지한다.

④ 홍 주임 : 과제별 추진실적을 점검하기 위해 혁신주니어보드와의 소통을 활성화해야 한다.

📝 NOTE

국민연금공단의 혁신계획은 혁신 전담조직을 구성하여 상시 모니터링 및 환류, 추진동력 확보를 위한 협의체 운영 등의 내용을 담고 있다. 혁신주니어보드는 혁신과제를 발굴하고 혁신관련 행사에 참여하며 대내외 소통 등을 담당한다. 홍 주임이 언급한 '과제별 추진실적 점검'은 총괄본부에서 맡게 된다.

① 김 팀장은 "사회적 위험으로부터 국민을 보호하기 위하여 제도를 강화할 것이 요청되고 있다"고 평가했는데 이는 혁신계획의 서두에 명시된 사회안전망 기능이다.

② 기존 경영혁신 전담조직은 열린혁신위원회와 혁신위원회였는데, 혁신위원회로 통합함에 따라 위원회 수는 기존보다 줄어든다.

③ 박 대리는 시민참여혁신단의 전문가를 말하고 있는데, 전문위원은 전체 위원 중 3명으로 10%에 해당한다.

6 다음은 대표적인 단위를 환산한 자료이다. 환산 내용 중 올바르지 않은 수치가 포함된 것은?

단위	단위환산
길이	$1cm = 10mm$, $1m = 100cm$, $1km = 1,000m$
넓이	$1cm^2 = 100mm^2$, $1m^2 = 10,000cm^2$, $1km^2 = 1,000,000m^2$
부피	$1cm^3 = 1,000mm^3$, $1m^3 = 1,000,000cm^3$, $1km^3 = 1,000,000,000m^3$
들이	$1m\ell = 1cm^3$, $1d\ell = 1,000cm^2 = 100m\ell$, $1\ell = 100cm^2 = 10d\ell$
무게	$1kg = 1,000g$, $1t = 1,000kg = 1,000,000g$
시간	1분 $= 60$초, 1시간 $= 60$분 $= 3,600$초
할푼리	1푼 $= 0.1$할, 1리 $= 0.01$할, 모 $= 0.001$할

① 부피   ② 들이
③ 무게   ④ 시간

📖 NOTE

'들이'의 환산이 다음과 같이 수정되어야 한다.
수정 전 $1d\ell = 1,000cm^2 = 100m\ell$, $1\ell = 100cm^2 = 10d\ell$
수정 후 $1d\ell = 100cm^2 = 100m\ell$, $1\ell = 1,000cm^2 = 10d\ell$

7 설탕 15g으로 10%의 설탕물을 만들었다. 이것을 끓였더니 농도가 20%인 설탕물이 되었다. 너무 달아서 물 15g을 더 넣었다. 몇 %의 설탕물이 만들어 졌는가?

① 10%
② 13%
③ 15%
④ 17%

📖 NOTE

설탕 15g으로 10%의 설탕물을 만들었으므로 물의 양을 x라 하면,
$\frac{15}{x+15} \times 100 = 10\%$에서 $x = 135$
여기에서 설탕물을 끓여 농도가 20%로 되었으므로, 이때의 물의 양을 다시 x라 하면,
$\frac{15}{x+15} \times 100 = 20\%$에서 $x = 60$
여기에서 물 15g을 더 넣었으므로
$\frac{15}{60+15+15} \times 100 = 16.67\%$
약 17%

8 다음 주어진 수를 통해 규칙을 찾아내어 빈칸에 들어갈 알맞은 숫자를 고르시오.

10	2	12	4	14	8	16	16	( )

① 18
② 24
③ 28
④ 32

📖 NOTE

주어진 수열의 홀수 항은 $+2$, 짝수 항은 $\times 2$의 규칙을 가지고 있다. 따라서 $16 + 2 = 18$이다.

9 각 면에 1, 1, 1, 2, 2, 3의 숫자가 하나씩 적혀있는 정육면체 모양의 상자를 던져 윗면에 적힌 수를 읽기로 한다. 이 상자를 3번 던질 때, 첫 번째와 두 번째 나온 수의 합이 4이고 세 번째 나온 수가 홀수일 확률은?

① $\frac{5}{27}$

② $\frac{11}{54}$

③ $\frac{2}{9}$

④ $\frac{13}{54}$

📖 NOTE

처음 두 수의 합이 4인 사건은
$(1, 3), (2, 2), (3, 1)$
이므로 그 확률은 $\frac{3}{6} \times \frac{1}{6} + \frac{2}{6} \times \frac{2}{6} + \frac{1}{6} \times \frac{3}{6} = \frac{5}{18}$

세 번째 수가 홀수일 확률은 $\frac{4}{6} = \frac{2}{3}$이므로 구하는 확률은
$\frac{5}{18} \times \frac{2}{3} = \frac{5}{27}$

● answer   6.②   7.④   8.①   9.①

10 N은행 고객인 S씨는 작년에 300만 원을 투자하여 3년 만기, 연리 2.3% 적금 상품(비과세, 단리 이율)에 가입하였다. 올해 추가로 여유 자금이 생긴 S씨는 200만 원을 투자하여 신규 적금 상품에 가입하려 한다. 신규 적금 상품은 복리가 적용되는 이율 방식이며, 2년 만기라 기존 적금 상품과 동시에 만기가 도래하게 된다. 만기 시 두 적금 상품의 원리금의 총 합계가 530만 원 이상이 되기 위해서는 올 해 추가로 가입하는 적금 상품의 연리가 적어도 몇 %여야 하는가? (모든 금액은 절삭하여 원 단위로 표시하며, 이자율은 소수 첫째 자리까지만 계산함)

① 2.2%

② 2.3%

③ 2.4%

④ 2.5%

📖 NOTE

단리 이율 계산 방식은 원금에만 이자가 붙는 방식으로 원금은 변동이 없으므로 매년 이자액이 동일하다. 반면, 복리 이율 방식은 '원금+이자'에 이자가 붙는 방식으로 매년 이자가 붙어야 할 금액이 불어나 갈수록 원리금이 커지게 된다.

작년에 가입한 상품의 만기 시 원리금은

$3,000,000+(3,000,000×0.023×3)$

$=3,000,000+207,000=3,207,000$원이 된다.

따라서 올 해 추가로 가입하는 적금 상품의 만기 시 원리금이 2,093,000원 이상이어야 한다. 이것은 곧 다음과 같은 공식이 성립하게 됨을 알 수 있다.

추가 적금 상품의 이자율을 A%, 이를 100으로 나눈 값을 x라 하면,

$2,000,000+(2,000,000×x×2)≥2,093,000$이 된다.

따라서 $x≥2.3\%$이다.

---

11 다음과 같은 자료를 참고할 때, F3 셀에 들어갈 수식으로 알맞은 것은?

	A	B	C	D	E	F
1	이름	소속	수당(원)		구분	인원 수
2	김xx	C팀	160,000		총 인원	12
3	이xx	A팀	200,000		평균 미만	6
4	홍xx	D팀	175,000		평균 이상	6
5	남xx	B팀	155,000			
6	서xx	D팀	170,000			
7	조xx	B팀	195,000			
8	염xx	A팀	190,000			
9	권xx	B팀	145,000			
10	신xx	C팀	200,000			
11	강xx	D팀	190,000			
12	노xx	A팀	160,000			
13	방xx	D팀	220,000			

① =COUNTIF(C2:C13,"〈"&AVERAGE(C2:C13))

② =COUNT(C2:C13,"〈"&AVERAGE(C2:C13))

③ =COUNTIF(C2:C13,"〈", "&" AVERAGE(C2:C13))

④ =COUNT(C2:C13,"〉"&AVERAGE(C2:C13))

📖 NOTE

COUNTIF 함수는 통계함수로서 범위에서 조건에 맞는 셀의 개수를 구할 때 사용된다. F3 셀은 평균 미만에 해당하는 개수를 구해야 하므로 AVERAGE 함수로 평균 금액을 먼저 구한 후, COUNTIF 함수를 이용할 수 있다.

따라서 =COUNTIF(C2:C13,"〈"&AVERAGE(C2:C13))가 된다. 반면, F4 셀은 평균 이상에 해당하는 개수를 구해야 하므로 F4 셀에 들어갈 수식은 =COUNTIF(C2:C13,"〉="&AVERAGE(C2:C13))이 된다.

12 다음 〈표〉는 OO예탁결제원의 성별·연령대별 전자금융서비스 인증수단 선호도에 관한 자료이다. 이 자료를 검토한 반응으로 옳지 않은 것은?

〈표〉 성별, 연령대별 전자금융서비스 인증수단 선호도 조사결과

(단위 : %)

구분	인증수단	휴대폰문자인증	공인인증서	아이핀	이메일	전화인증	신용카드	바이오인증
성별	남자	72.2	69.3	34.5	23.1	22.3	21.1	9.9
	여자	76.6	71.6	27.0	25.3	23.9	20.4	8.3
연령대	10대	82.2	40.1	38.1	54.6	19.1	12.0	11.9
	20대	73.7	67.4	36.0	24.1	25.6	16.9	9.4
	30대	71.6	76.2	29.8	15.7	28.0	22.3	7.8
	40대	75.0	77.7	26.7	17.8	20.6	23.3	8.6
	50대	71.9	79.4	25.7	21.1	21.2	26.0	9.4
전체		74.3	70.4	30.9	24.2	23.1	20.8	9.2

※ 1) 응답자 1인당 최소 1개에서 최대 3개까지 선호하는 인증수단을 선택했음.
　2) 인증수단 선호도는 전체 응답자 중 해당 인증수단을 선호한다고 선택한 응답자의 비율임.
　3) 전자금융서비스 인증수단은 제시된 7개로만 한정됨.

① 박 주임 : 연령대별 인증수단 선호도를 살펴보면, 30대와 40대 모두 아이핀이 3번째로 높다.

② 이 팀장 : 전체 응답자 중 선호 인증수단을 3개 선택한 응답자 수는 40% 이상이다.

③ 홍 사원 : 선호하는 인증수단으로, 신용카드를 선택한 남성 수는 바이오 인증을 선택한 남성 수의 3배 이하이다.

④ 오 팀장 : 선호하는 인증수단으로 이메일을 선택한 20대 모두가 아이핀과 공인인증서를 동시에 선택했다면, 신용카드를 선택한 20대 모두가 아이핀을 동시에 선택한 것이 가능하다.

📁 NOTE |

오 팀장은 "선호하는 인증수단으로 이메일을 선택한 20대 모두가 아이핀과 공인인증서를 동시에 선택했다면, 신용카드를 선택한 20대 모두가 아이핀을 동시에 선택하는 것이 가능하다."고 평가했다.
만약 이메일을 선택한 20대 모두가 아이핀과 공인인증서를 동시에 선택했다면 아이핀을 선택한 20대 중에서 11.9%(36.0－24.1)는 조건에 따라 타 인증수단을 중복 선호할 수 있다. 신용카드를 선호하는 20대는 16.9%로 11.9%보다 더 크다. 따라서, 신용카드를 선택한 20대 모두가 아이핀을 동시에 선택한다고 평가하는 것은 옳지 않다.

① 박 주임은 "연령대별 인증수단 선호도에서 30대와 40대 모두 아이핀이 3번째로 높다고" 본다. 30대의 인증수단은 공인인증서→휴대폰문자 인증→아이핀 순으로 선호도가 높다. 40대의 인증수단은 공인인증서→휴대폰문자 인증→아이핀 순으로 선호도가 높다. 따라서 30대와 40대 모두 아이핀이 3번째로 높으므로 박 주임은 옳게 검토하였다.

② 이 팀장은 "전체 응답자 중 선호 인증수단을 3개 선택한 응답자 수는 40% 이상이다."라고 했다. 인증수단별 하단에 제시된 전체 선호도를 합산하면 252.9가 된다. 7개 인증수단 중 최대 3개까지 중복 응답이 가능하므로 선호 인증수단을 3개 선택한 응답자 수는 최소 40% 이상이 된다. 이 팀장은 옳게 검토하였다.

③ 남성의 인증수단 선호도를 살펴보면, 신용카드를 선택한 남성의 비율은 21.1%로, 바이오인증을 선호하는 9.9%의 3배인 29.7% 이하이다. 따라서 홍 사원은 옳게 검토하였다.

13 윈도우에서 현재 활성화된 창과 동일한 창을 새로 띄우려고 한다. 어떤 단축키를 사용해야 하는가?

① Ctrl＋N

② Alt＋N

③ Shift＋N

④ Tab＋N

📁 NOTE |

Ctrl＋N 단축키는 현재 열려있는 프로그램과 같은 프로그램을 새롭게 실행시킨다. 현재 사용하는 인터넷 브라우저 혹은 폴더를 하나 더 열 대 사용한다.

14 Windows 보조프로그램인 그림판의 기능에 대한 다음의 설명 중 올바르지 않은 것을 모두 고르면?

[그림판]

㉠ 그림판은 간단한 그림을 그리거나 편집하기 위해 사용하는 프로그램이다.

㉡ 그림판으로 작성한 파일의 형식은 PNG, JPEG, TIFF, TXT, GIF 등으로 저장할 수 있다.

㉢ 원 또는 직사각형을 표현할 수 있으며, 정원이나 정사각형태의 도형 그리기는 지원되지 않는다.

㉣ 그림판에서 그림을 그린 다음 다른 문서에 붙여넣거나 바탕화면 배경으로 사용할 수 있다.

㉤ '색 채우기' 도구는 연필이나 브러시, 도형 등으로 그린 그림에 채우기가 가능하다. 단, 선택한 영역에 대해서는 불가능하다.

㉥ 그림의 크기와 대칭, 회전 등의 작업이 가능하다.

---

① ㉡, ㉤

② ㉢, ㉣

③ ㉣, ㉤

④ ㉡, ㉢

📖 NOTE

㉡ TXT파일은 텍스트 파일로 메모장에서 작업 가능하다.

㉢ 그림판에서 정원이나 정사각형을 그리려면 타원이나 직사각형을 선택한 후에 'Shift' 키를 누른 상태로 그리기를 하면 된다.

15 아래의 내용을 읽고 괄호 안에 들어갈 말을 순서대로 바르게 나열한 것은?

전 세계적으로 몇 년간 페이스북 등 소셜 네트워크 서비스나 기기 간 통신을 이용한 센서 네트워크, 그리고 기업의 IT 시스템에서 발생하는 대량 데이터의 수집과 분석, 즉 이른바 (㉠)의 활용이 활발해지고 있다. 2013년에는 '데이터 규모'에서 '데이터 분석 및 활용'으로 초점을 이동하면서 기존의 데이터웨어하우스 개념에서 발전지향적인 DW전략과 새로운 데이터 분석 기술이 결합된 (㉡)시대가 도래할 것으로 예상된다.

---

① ㉠ 소셜네트워크서비스　　㉡ 빅데이터

② ㉠ 온라인거래처리　　㉡ 온라인분석처리

③ ㉠ 빅데이터　　㉡ 빅데이터

④ ㉠ 만물인터넷　　㉡ 만물인터넷

📖 NOTE

빅데이터 (Big Data)는 데이터의 생성 양·주기·형식 등이 이전의 데이터에 비해 상당히 크기 때문에, 이전의 방법으로는 수집·저장·검색·분석이 어려운 방대한 데이터를 말한다. 이러한 빅데이터의 환경은 과거에 비해 데이터의 양이 폭증했다는 점과 함께 데이터의 종류도 상당히 다양해져 사람들의 행동은 물론 위치정보 및 SNS 등을 통해 생각과 의견까지도 분석하고 예측이 가능하다.

16 다음 중 메모장에 대한 설명으로 옳지 않은 것은?

① 워드패드보다 간단한 작업을 위해 만들어진 것이다.

② F5키를 누르면 연도, 월, 일, 시간이 자동으로 작성되는 기능이 있다.

③ 초기 메모장과 비교했을 때 현재 메모장의 UI는 완전히 교체되었다.

④ Microsoft Windows에 내장된 텍스트 편집 프로그램이다.

📖 NOTE

메모장은 Windows 95 시절부터 현재까지도 인터페이스의 변화가 거의 없다.

17 맥켄지의 7S 모델에서 모든 조직구성원들이 공유하는 기업의 핵심 이념이나 가치관, 목적 등을 말하며 구성원뿐 아니라 고객이나 투자자 등 다양한 이해관계자들에게 영향을 미치게 된다는 점에서 가장 중요한 요소로 고려되는 요소는?

① 공유가치(shared value)

② 조직구조(structure)

③ 시스템(system)

④ 스타일(style)

📄 NOTE

② 조직구조(structure) : 전략을 실행해 가기 위한 틀로서 조직도라 할 수 있다. 구성원들의 역할과 구성원간 상호관계를 지배하는 공식 요소들(예, 권한, 책임)을 포함한다. 시스템과 함께 구성원들의 행동을 특정 방향으로 유도하는 역할을 한다.

③ 시스템(system) : 조직의 관리체계나 운영절차, 제도 등을 말한다. 성과관리, 보상제도, 경영정보시스템 등 경영 각 분야의 관리제도나 절차 등을 수반하며 구성원들의 행동을 조직이 원하는 방향으로 유도하는 역할을 한다.

④ 스타일(style) : 조직을 이끌어나가는 관리자의 경영방식이나 리더십 스타일을 말한다. 관리자에 따라 민주적, 독선적, 방임적 등 다양하게 나타날 수 있으며 조직구성원들의 동기부여나 조직문화에 직접적인 영향을 미치게 된다.

18 다음 리더십 이론에 관한 설명 중 바르지 않은 것은?

① 서번트 리더십은 타인을 위한 봉사에 초점을 두고, 구성원과 소비자의 커뮤니티를 우선으로 그들의 니즈를 만족시키기 위해 헌신하는 유형의 리더십이다.

② 규범적 리더십모형에서는 의사결정과정에서 리더가 선택할 수 있는 리더십의 스타일을 5가지로 구분하였다.

③ 거래적 리더십은 규칙을 따르는 의무에 관계되어 있으므로 거래적 리더들은 변화를 촉진하기보다 조직의 안정을 유지하는 것을 중시한다.

④ 상황부합 이론에 의하면 상황이 아주 좋거나 나쁠 때는 관계지향 리더가 효과적인 반면, 보통 상황에서는 과제지향 리더가 효과적이다.

📄 NOTE

④ 상황부합 이론에 따르면, 상황이 아주 좋거나 반대로 나쁠 때는 과제지향 리더가 효과적인 반면, 보통 상황에서는 관계지향 리더가 효과적이다.

19 다음 중 국민연금공단이 하는 일로 옳지 않은 것은?

① 국민연금기금 운용 전문인력 양성

② 가입자 및 가입자였던 자에 대한 기금증식을 위한 자금 대여사업

③ 가입자에 대한 기록의 관리 및 폐기

④ 가입 대상과 수급권자 등을 위한 노후준비서비스 사업

📄 NOTE

국민연금법 제25조
㉠ 가입자에 대한 기록의 관리 및 유지
㉡ 연금보험료의 부과
㉢ 급여의 결정 및 지급
㉣ 가입자, 가입자였던 자, 수급권자 및 수급자를 위한 자금의 대여와 복지시설의 설치·운영 등 복지사업
㉤ 가입자 및 가입자였던 자를 위한 기금증식을 위한 자금 대여 사업
㉥ 가입 대상과 수급권자 등을 위한 노후준비서비스 사업
㉦ 국민연금제도·재정계산·기금운용에 관한 조사연구
㉧ 국민연금에 관한 국제협력
㉨ 그 밖에 이 법 또는 다른 법령에 따라 위탁받은 사항
㉩ 그 밖에 국민연금사업에 관하여 보건복지부장관이 위탁하는 사항

20 다음 중 국민연금공단의 미션으로 적절한 것은?

① 지속가능한 연금과 복지서비스로 국민의 생활안정과 행복한 삶에 기여

② 국민과 함께하는 혁신경영, 연금가족과 행복한 동행

③ 안정적인 연금복지 서비스로 국민의 복지향상과 사회공헌을 돕는다.

④ 세대를 이어 행복을 더하는 글로벌 리딩 연금기관

📄 NOTE

② 공무원연금공단의 비전
③ 공무원연금공단의 미션
④ 국민연금공단의 비전

● answer 17.① 18.④ 19.③ 20.①